DISCOURS

PRONONCÉ DANS LE TEMPLE DÉCADAIRE

A MAYENCE

A LA CÉLÉBRATION

DE LA FÊTE DES ÉPOUX

LE DIX FLORÉAL, AN VII,

PAR

LE CITOYEN NEEB,

Professeur de Philosophie à l'Université du Département du Mont-Tonnerre.

MAYENCE,

chez ANDRÉ CRASS, Imprimeur du Département.

DISCOURS

à la *Célébration de la Fête des Époux.*

La raison ne se développe que parmi les êtres raisonnables: l'homme devient homme dans la société. La société civile forme l'espèce; la société conjugale, l'individu. La première est une réunion conventionnelle; elle est fondée sur la méfiance réciproque, et sanctionnée par une contrainte mutuelle. La dernière est une réunion naturelle, l'amour en est le père, l'amour en est le gardien.

L'amour est libre, il ne connoit point de maître, et ne se courbe point sous le joug de la contrainte. Ces législateurs Grecs, qui condamnèrent le célibat à une amende pécuniaire (1), ou à des peines infamantes (2), n'ont donc pas agi avec la prudence qui a dicté aux pères de notre patrie, l'institution d'une fête publique, pour encourager à rem-

____

(1) Plato, de legibus etc.
(2) Plutarch, in vita Lycurgi.

plir un devoir imposé par l'humanité, puisqu'il est impossible d'en exiger l'accomplissement comme devoir civil.

Je ne parlerai donc point ici du mariage dans ses rapports politiques avec l'état, ni des droits réciproques des époux. Mais rentrant dans la ligne, que ma vocation publique me fait un devoir de suivre; je ne vous entretiendrai que de l'influence morale du mariage, sur l'éducation de l'homme.

Pénétré de la grandeur de ma tâche, qui me destine à être aujourd'hui auprès de vous l'organe de la raison morale, j'essaierai d'analiser vos sensations, et de pénétrer d'un œil philosophique, à travers le voile, sous lequel la nature à dérobé l'amour saint aux regards profanes. Je compte que vos cœurs donneront une interprétation chaste à des expressions qu'une langue trop pauvre, ou trop réservée ne m'a pas permis de remplacer par d'autres expressions plus riches ou plus exactes.

L'homme individuel meurt, l'espèce est immortelle; sa perpetuelle régénération est confiée à l'instinct. Cet instinct est aveugle comme la nature; plus libre et plus actif que dans les animaux, il faut que la raison le domine; sans elle il devient effréné et même nuisible à la vie. La licencieuse volupté ressemble à la sirène, elle attire par sa voix séductrice; enchaîne sa proie et la plonge dans l'abime de l'immoralité. Le premier qui osa profaner le nom de *l'Amour*, et s'en servir pour désigner par lui cet instinct brut et animal, n'a jamais été susceptible de sensations nobles; son cœur n'a jamais connu l'amour. Amour! source primitive de toute existence! Phénomène de la raison dans la nature! seule et véritable joie du cœur! doux et seul lien de l'humanité qui ne la déshonore pas! sous quelles formes que tu te présentes, sous quelle image que tu caches ta divinité, tu ne peux jamais descendre jusqu'à la dégradation animale. Tu n'es pas destructif, tu repands la prospérité; tu es tout-puissant; mais ta force ne ressemble pas au torrent impétueux qui du haut d'un roc se précipite sur de riantes campagnes, et détruit les fruits innocens de l'industrie champêtre; tu es bienfaisant, tu fécondes comme le soleil. Sans toi notre vie languiroit dans une éternelle nuit, faible et inactive jusqu'au tombeau.

L'amour unit l'instinct de la nature au devoir; il élève l'égoïsme à une affection sympathétique; enveloppe le désir sensuel du tendre voile de la pudeur; sanctifie la jouissance, et conserve à côté d'elle l'innocence et la pureté du cœur dans leur primitive virginité.

L'amour est le fils du désir du cœur de la femme, et de la raison morale. Cette dernière par les bornes qu'elle met au désir, devient *pudeur*, et le premier renfermé dans ces bornes morales, devient *amour*.

L'instinct sexuel de l'homme tend d'abord à la jouissance, et veut être satisfait; mais la femme représente dans sa personne ainsi que l'homme, la raison morale: soudain il s'arrête interdit: *voici où est l'humanité!* lui crie une voix; *la beauté qui t'excite est l'expression physique d'une dignité morale, qui doit être sacrée pour toi.*

Mais tandis que l'homme n'est conduit à ce point que tardivement par une pénible surveillance de la raison, la femme s'y trouve déjà par la faveur de la nature. Avant que la raison ait eu le temps d'apprendre à la femme qu'elle ne doit point sacrifier sa dignité à la jouissance des sens, ni trahir sa personne pour un moment voluptueux, déjà la pudeur a couvert de son égide la pureté de son cœur. Le désir sensuel dans sa brutalité n'ose s'an-

noncer dans le cœur d'une femme: l'innocence ne se donne qu'à l'amour.

Lorsque je dis à une femme: *tu es une impu-
dique*; je lui dis: tu as flétri ton humanité;
la source de ta vertu est empoissonnée; tu es
sortie du cercle des êtres moraux, tu t'es
abaissée à la condition de l'animal.

Innocence et amour! cette alliance est ce
que la nature peut produire de plus sublime.
Par cette raison une femme aimant chaste-
ment est l'ornement de la création. C'est en
formant cet ouvrage que la nature à imité
la raison: audelà est la divinité, la raison
éternelle.

L'instinct veut être satisfait; son existence
est sa loi, il ne trouve des bornes que dans
la satiété; la raison impose du respect pour
l'humanité, et interdit tout ce qui est incompa-
tible avec sa dignité. L'amour concilie cette
opposition entre la nature et la raison, et les
met en harmonie. La femme bien née ne
veut pas jouir, elle aime; ce n'est pas le désir de ses sens, c'est son cœur qu'elle veut
satisfaire; elle ne se livre pas à la volupté,
elle se donne à l'amour. Le désir immodéré
cède à la tendre affection, et l'union de deux
cœurs exclut tout égoisme.

Lorsque la femme se donne à l'homme par amour, il est moralement nécessaire qu'il en résulte un mariage.

La première jouissance des plaisirs de l'amour scelle le mariage pour jamais. La vierge innocente qui cède à l'amour, veut soutenir sa dignité, elle se fie aux sermens de l'homme; il n'y a d'autre restitution pour ce qu'elle a donné, que le fidel accomplissement de la condition sous laquelle seule elle a pu le donner. Il s'agit ici d'une honte intérieure, que les richesses ne sauraient éffacer; la moralité et l'innocence ne se compensent pas au poids de l'or. L'amour se donne une fois pour toutes; il se donne tout entier, et par conséquent avec toutes ses destinées futures à l'objet aimé. L'amour est éternel, car il est d'origine céleste; il nait d'un sentiment moral; son objet est aussi éternel, car il n'en convoite pas les atours, mais l'être même. L'amour conjugal est unique par sa nature; la femme qui aime deux individus, n'aime aucun; elle est dominée par la sensualité, qui désire les changemens. Ce n'est point de la formalité du contrat, mais de la nature morale de l'amour conjugal que nait l'indissolubilité du mariage.

L'amour conjugal de la femme nait de l'inclination du cœur; l'amour réciproque de l'homme de la loi de la raison. Là c'est le sentiment, ici c'est la conscience du devoir qui en est la source; la pureté du premier est garantie par la nature, au moyen de la délicatesse du sentiment et de la pudeur; l'ennoblissement de l'instinct de l'homme en amour, est l'ouvrage de la raison, qui punit l'ingrat par le mépris de soi-même. Le pur amour en lui même, ne prétend à aucune réciprocité; il est désintéressé comme la vertu, et comme elle il acquiert plus de sainteté et de pureté, lors qu'il reste sans récompense. Mais par cela même que l'amour de la femme ne demande aucune reconnaissance, c'est le dévoir qui l'impose à l'homme; cet amour désire la réciprocité, non pour ne pas perdre sa récompense, mais pour ne pas manquer d'un objet. Le cœur de la femme se confond entièrement dans l'être de son amant; sa volonté, ses vœux sont les siens; son répos dépend de sa ferme confiance en sa fidélité; sa vertu de la pureté de son amour; l'homme qui peut accepter sans gratitude un amour désintéressé, qui ne s'en rend pas digne, ou qui ose le répousser, est un être vil, sans sentimens, et d'une perversité consommée. L'hymenée allie l'amour à la vertu. Le symbole (*) de la femme est l'amour, de l'homme la constance. L'homme pour se rendre digne de *l'amour*, doit s'acquérir *l'éstime*. La confiance de la femme est infinie, parceque l'amour est sans défiance, la fidélité de l'homme doit être constante, parceque sa parole est inviolable.

L'amour fait la force de la femme. Que de lâcheté de prétendre le dominer par la froide volonté et par une supériorité physique! La jouissance sensuelle n'est jamais satisfaite, elle demande sans cesse, l'amour est heureux de ses propres sacrifices: quel homme osera lui opposer des désirs immodérés.......? Lorsque l'objet qui aime donne tout, l'objet aimé lui doit tout.

Aussitôt que l'amour a fait naître un amour mutuel, l'union des cœurs est consommée; la tendre faiblesse de la femme s'appuie de la fermeté de l'homme; le caractère austère de l'homme mollit sous la douce impression de l'amour; les grâces se soumettent à la mâle dignité, et l'éclat de l'amabilité adoucit l'âpre

---

(*) Ou idéal.

rigidité. L'active magnanimité remplace l'orgueil infléxible, et un sentiment noble de soi-même détermine l'homme à balancer les épanchemens du cœur de son épouse par une grandeur d'ame. De cette émulation de vertus sociales résultent la tendresse conjugale, le triomphe de l'amour, l'harmonie des cœurs, l'unité des volontés. L'amour des époux ne considère pas son objet comme moyen, mais comme but ; chacune des personnes aimantes veut plus donner que récevoir ; chacune rejette la jouissance directe, et ne jouit que de celle de l'objet aimé. Le mariage est saint par lui même, ses devoirs sont de son essence, et il aime à les remplir.

L'amour conjugal embrâse deux cœurs d'une seule flamme qui s'élève vers le ciel. La volupté, semblable à un feu dévorant, porte ses ravages dans le corps languissant, consume ses forces vitales, et le réduit en cendres. L'amour conjugal conserve la vie dans sa fraicheur printanière, rassemble et élève ses forces à un but moral. Tranquile, et invariable jusqu'à la mort, et dans une jeunesse éternelle, il communique à l'ame cette lumière, et au cœur cette bienfaisante chaleur, qui fait prospérer la vertu, embellit les plaisirs purs de la vie, et développe le germe de l'humanité dans son admirable beauté.

Le véritable amour ne vieillit pas, il reste dans une éternelle jeunesse, et ne connait aucun changement. Mais l'expérience ne dément-elle pas mes assertions? D'où viennent donc ces circonstances malheureusement trop fréquentes, où l'état est obligé à déclarer dissous des mariages discordans? La réponse est facile : ce n'était pas un hymen, c'était une chaîne de crimes dégradans la dignité de la nature humaine. Ce n'était pas l'amour, mais des vues impures qui l'avoient déterminé, et le mariage n'a servi que de voile pour cacher aux yeux du monde le vice honteux de sa nudité. La fortune n'est pas assez puissante pour rompre une parfaite union entre deux cœurs; le temps la rend plus intime et les coups de l'adversité la cimentent de plus en plus. J'en appelle à vous, épouses tendres et fidèles des patriotes mayençais, persécutés, enchainés et proscrits! Aimiez-vous moins vos époux, après que leurs vertus civiques eurent ruiné votre bonheur domestique, et trainé vous et vos enfans sur le bord de l'abime.

Malheur à la femme qui livre son cœur autrement que par amour! Elle ne peut, que le donner; car par cela-même, qu'elle le vend, elle l'avilit et lui enlève tout son prix. Sa dignité naturelle ne subsiste qu'à côté de la pureté avec laquelle elle se donne à son amant. Si ce n'est qu'un appât matériel qui la captive, celui-ci s'évanouit facilement et elle aurait donné la plus belle partie de son être moral pour un phantome. Est-ce la jouissance sensuelle qu'elle désire? l'amour est invariable, les sens sont altérés de changemens. Sont-ce les richesses qui ont déterminé son choix? ce n'était pas l'amour qui s'est donné librement; le gain était le vil médiateur, le mensonge et l'imposture ont fait une victime. Le cœur qui trahit la fidélité ne l'a jamais possédée. Deux mains serrées peuvent être séparées, mais deux cœurs confondus ne peuvent l'être jamais.

Ainsi que de l'union physique de deux amans, il naît un homme nouveau; de nouvelles vertus morales découlent de l'union morale de l'amour et de la fidélité. A l'amour de la femme pour son époux se joint la tendre sollicitude pour son enfant, et à la fidélité de l'époux pour sa compagne s'unit la tendresse paternelle pour son nouveau-né. Les parens s'oublient dans les gages de leur amour.

l'intérêt privé le plus rétréci devient un soin de famille, et l'insouciance la plus habituelle se change en sollicitude pour le bonheur domestique. Les rameaux de cet amour sympathétique s'entrelacent autour de ce groupe d'amour et d'affection: Une société de deux personnes libres, animées d'une seule volonté, représente l'image la plus vraie et la plus vivante de l'empire moral de la vertu.

Si quelqu'un ne pouvait allier ses hautes idées de l'humanité avec les idées défavorables, qu'il a des hommes; si la misantropie, l'audace éffrontée du vice ou l'hypocrite cupidité qui aime tant à couvrir sa nudité de l'apparence du bien général, l'avaient porté à nier le pouvoir de la vertu; je ne le conduirais pas sur le champ de bataille, où le devoir se sacrifie à la patrie; je ne guiderais point ses pas vers la lampe nocturne où l'homme public passe ses veilles, car l'ambition et l'intérêt s'emparent trop souvent de la plus belle partie de nos actions les plus généralement utiles; mais je le conduirais dans le cercle d'une famille aimante, chez la tendre mère dont le sein allaite le nourrisson. Elle l'a mis avec douleur au monde, elle ignore s'il vivra assez pour pouvoir bégayer le doux nom de mère, elle ne compte pas sur la reconnaissance, et son sourire la récompense mille fois de ses sollicitudes et de ses souffrances.

Sous les auspices du mariage la nature élève l'homme à la vertu et à l'esprit public. Ses enfans sont autant de liens qui l'unissent à la patrie. La prospérité de sa famille est liée à celle de l'état, et tandis qu'il travaille pour l'avenir, il goute d'avance les fruits de ses labeurs dans le bonheur de ses enfans. Un bon époux est un homme vertueux, comment serait-il mauvais citoyen!

Ardent et vigoureux jeune homme! veux tu jouir du bonheur de l'amour? Ah ne touche pas au calice empoisonné de la volupté; écoute la voix de la raison qui parle du sanctuaire de l'humanité, et songe à cette épithète terrible: *séducteur de l'innocence! traitre à un amour crédule!*

Fille chaste et ingénue! l'innocence est la vertu, la pudeur ton génie tutélaire, l'amour ton bonheur. Tu es destinée à parcourir la vie dans leur société; tu ne peux aimer sans respecter ton être. Surveille ton cœur. Malheur à toi, si tu es assez crédule pour ajouter foi aux flatteries d'un voluptueux; rassassié, il t'abandonnera à ta douleur! L'amour est virginal par sa nature, l'hymenée seule peut le sanctifier et le couronner.

Et vous, époux heureux! récevez mes félicitations! l'amour soigne votre vertu, ennoblit vos jouissances, adoucit vos peines. Votre vie se rajeunit dans vos enfans; dans leurs jeux folâtres vous jouissez de nouveau de la jeunesse; dans le cercle de vos fils vous attendez tranquillement une vieillesse libre de chagrins et de soucis, et à votre derniére heure vous abandonnez la vie, non avec empressement, car elle avait des charmes pour vous, mais satisfait, car vous avez exercé la vertu, et cessé depuis longtemps de ne vivre que pour vous.